내 마음의 연못

신경희 시집

문학의전당 시인선
0298

내 마음의 연못

신경희 시집

문학의전당

시인의 말

오랫동안 꿈을 꾸었다.
기억나지 않는 꿈,

어머니를 보내 드리고
이제, 어머니가 되었다.

포근한 아침햇살,

또다시 꿈을 꾼다.

2018년 12월
신경희

차례

제2부 봄

제3부 여름

제4부 가을

제1부 겨울

몽골 푸른 조원을 달리던 흰 말 이야기

육신이 죽어 악기가 된다는 것

제 살과 뼈 가죽을 벗겨 악기가 되어

몽골 푸른 초원의 바람을 연주한다는 것

바람의 영혼을 연주한다는 것

가장 아름다운 악기가 몸이라는 것

몽골 푸른 초원을 달리던 흰 말 이야기

오늘도 나는 나를 연주한다는 것

내 몸이 가장 아름다운 악기라는 것

평화시장

두타 밀레오 낯선 감각의 빌딩들이 우뚝 서 있는 패션거리
커피숍, 렌떼, 터키 샌드위치와 커피
젊음과 낭만이 공존하는
평화롭지만 평화롭지 않은 일상의 삶을 살아내는 사람들
그곳에 가면 빨 주 노 초 파 남 보 무지개가 뜬다
평화롭지만 평화롭지 않은 일상의 삶을 살아내는 사람들
나는 평화롭지만 평화롭지만은 않은 평화를 사러 평화시장에 간다

유자

첫눈이 내린 날
남도 고흥에서 올라온 유자를 썰어 하얀 설탕에 재웠다
유자는 썰리고 저며지면서 이를 악물며 손가락을 물었을 것이다
썰어놓은 유자의 싱싱한 상처들이 손끝에서 다시 향기로 피었다
쪼글쪼글해진 손가락들이 주름지고 아파왔다
그 향기는 어쩌면 그들이 내지른 비명인지도 모른다
향기가 된 외마디 비명인지도 모른다
싱싱한 과즙으로 향내가 나는 유자는 다시 꽃으로 피었다
오늘은 내가 썰어 저며놓은 유자의 상처들이
유자의 비명들이 온종일 향내를 피웠다
투명한 유리병 속에서
노란 상처의 비명 소리들이 단단하고 고요하게

압둘하디 알제르의 시민 합창단을 읽고

미술관에서 그림을 읽었다

'예술이 자유가 될 때' 이집트 초현실주의자들

이집트의 화가들이 근대시기 사회적 변화를 그림으로 쓴 시였다
프랑스에서 제1차 세계대전의 대량학살의 비극을 겪은 예술가들
현실을 초월하고 자유에 대한 억압에 저항하는 초현실주의의 뿌리
초현실주의를 소개한 이집트의 시인 조르주 헤네인
화가들과 비평가 예술가들의 시대정신
가장 인상적인 그림은 압둘하디 알제르의 '시민 합창단'이었다

그림의 내용은 가난한 시민들이 헐벗은 모습과
추레한 복장 다양한 색깔과 크기가 다른 그릇들을
거리에 길게 늘여놓고 서 있는 모습

그림의 원제목은 '배급을 기다리는 시민들'이었다

검열에 걸린 화가 압둘하디 알제르는
그림 제목을 '시민 합창단'으로 바꿨다

자유가 되지 못했던 예술가들

침묵으로 합창을 하고 있는 시민들

오늘 읽은 그림 중 '시민합창단'은
가장 울림을 주는 시였다

프롬프터
—어둠과의 대화

그녀의 독백은 언제나 어둠뿐인 블랙박스에서 시작되어
캄캄한 어둠뿐인 환한 대낮도 그녀에겐 까만 밤이었어
바퀴를 달고 굴러다니는 유령들의 환한 웃음소리
영원히 어둠인, 화려한 조명등이 켜지는 무대 뒤
긴 기다림으로 화려한 주연을 꿈꾸곤 하지
생의 화려한 무대를 꿈꾸곤 하지
죽어서도 포기할 수 없는 간절함,
프롬프터인 그녀는 때론 더 진짜 배우가 되었어
대형 거울이 환히 비추는 객석은 모두 어둠의 유령뿐이었지
베르톨트 브레히트 극의 음악과
러시아 풍 음악이 흘러나오는
영원히 오지 않을 등장을 기다리며, 그녀는 오늘밤도 꿈을 꾸는 거야
바퀴 달린 대형 거울 앞에서 화려한 분장을 하고,
눈이 부셔 객석을 바라볼 수 없는 조명발을 받으며
환하지 않아도 살아남는 어둠에 대해
강하지 않아도 살아남는 부드러움에 대해

세족례

성목요일, 어머니께 발을 씻겨 드렸다
소복하게 부은 어머니의 발등과 발바닥
무던히도 많은 짐들을 싣고 나르셨다
발가락 사이로 물방울들이 주르르 흘러내렸다
무거운 짐을 지고도 견고하고 단단했던 어머니
평생 지고 업고 오셨던 生의 무게들
그 짐들을 부려두고도 이제는 몇 발자국도 나갈 수 없다
성목요일 그리스도가 십자가에 못 박히기 전날 밤
제자들의 발을 씻겨준 것처럼 어머니의 발을 씻겨 드렸다
모든 것을 맡기고 착한 제자가 된 어머니
유다처럼 나를 모른다고 나를 배반하는 어머니
아기처럼 말랑말랑하고 부드러운 어머니
단단하고 견고한 껍질을 벗는 어머니의 발을 씻겨 드렸다

메주

제 몸을 삭혀
피워낸 푸른 곰팡이꽃

맛있는 간장이 되는
푸른 꿈에 젖은 메주여

발효되지 않는
우리들의 꿈들은

얼마를 더 묵혀야
푸른 곰팡이꽃이 필까

상트페테르부르크 겨울 궁전

흰 눈꽃송이가 날리는 자작나무 숲을 지나 검은 마차는 상트페테르부르크 겨울 궁전으로 달려간다. 아름다운 공주를 만나러 가는 것이 아니라, 오로라처럼 찬란한 빛과 그림자, 다빈치의 꽃을 든 마돈나, 조르조네의 유디트, 티치아노의 회개하는 막달레나, 라파엘로의 성가족, 렘브란트의 돌아온 탕자, 루벤스의 로마의 자비, 마티즈의 춤, 드가의 머리를 빗는 여인, 다비드의 사포와 파온, 겨울 궁전에 피어나는 그림자를 만나러 간다.

내가 나를 용서하지 못하는 날, 처절한 루벤스의 고뇌 로마의 자비, 페로의 뜨거운 사랑과 비극을 이야기해야 한다. 정열과 사랑, 용서와 기쁨, 슬픔과 고뇌를 만나야 한다. 이 겨울이 가기 전, 상트페테르부르크 궁전에 도착해야만 한다. 렘브란트의 돌아온 탕자의 진정한 사랑과 용서를 만나 넉넉하고 따뜻한 사랑을 이야기해야 한다. 아직 용서받지 못한 우리들의 원죄를 위하여 티치아노의 회개하는 막달레나를 만나야 한다. 이 겨울이 가기 전 상트페테르부르크 겨울 궁전에 도착해 우리들의 검은 꽃을 불태워야 한다.

해돋이

지중해를 건너 유럽으로 가는 레스보스 섬
아이웨이웨이는 궁전 파사드 창문들을
황색의 낡은 구명조끼로 막아
거대한 설치미술을 '해돋이'로 표현하였다

낡은 황색의 조끼들은
실제 난민들이 입었던 것으로
레스보스 섬에서 수집된 것이었다

"위기는 없고, 인간의 위기만 있다"고
말하는 아이웨이웨이

그는 가장 안정적이고 행복한 나라에서
가장 불안정하고 불행한 이들의 입었던
구명조끼를 해돋이로 표현하였다.

오늘은 세계 난민의 날,

여명의 항구에서 바다를 떠도는
실종 중이거나 목숨을 잃어가는

우리는 모두 지구를 떠도는 난민들

동국(冬菊)

추운 겨울 뒤뜰 한 켠에
지지 못한 겨울 국화
물기 없이 메말라
박제가 되어버린 가슴
긴긴 기다림으로 서 있는 거다
하얀 눈꽃처럼 맑은 영혼으로 살아나
그리움의 꽃을 피우는 거다
네 그리움의 향기
겨울 눈꽃 바람 속에 날리우는 거다
네 그리움의 향기
하얀 눈꽃 속에 살포시 묻는 거다

내소사

흰 무명 목도리를 두른 스님
두 손 모아 합장을 하고

어디선가 날아온
산새 한 마리 붙들어
온 산 단청인 듯 물들이고

울려 퍼지는 법고 소리

네가 나였던 내 마음
내 마음대로 못하고

짐승이 된 사람 한 마리
사람이 된 짐승 한 마리

숭례문 소실, 숭례문 같은 어머니 앞니가 빠졌다

겨우내 불어대던 삭풍에 문이 흔들거렸다

문이 흔들릴 때마다 천 개의 푸른 나뭇잎들이 팔랑거렸다

푸른 무늬를 이루며 물결들이 일었다

물결은 生의 무늬 같은 것이었다

흘러가는 물결들은 오랜 시간이 흘러도 깊게 뿌리내리지 못했다

뿌리를 내린 만큼 뿌리는 더 이상 깊게 뿌리내리지 못하리란 걸 알았다.

소실된 숭·례·문

외풍과 내풍을 막아주던 門,

門이 사라졌다

12월

진눈깨비 내리는 12월
골짜기에 까마귀 떼 울며 날아올랐다

양상동 공원묘지 어머니를 무덤에 모셔두고
돌아오는 길 한참 무덤가를 뒤돌아보며 돌아왔다

집으로 돌아와 안방 들여다보니
나보다 먼저 돌아와 안방에 누워 계신 어머니

평생 우리들의 평온한 방이셨던 어머니

귀가하는 노동자들

—뭉크의 그림을 보고

사라진 노을 속 검은 외투를 입은 사내들
인파 속에 떠밀려 희미한 불빛을 따라 걷고 있다
초록색 희망도 검은 절망도 그들의 몫이 아니었다
회색빛 도시 죽은 구름 사이로
은밀한 성욕과 슬픔은
어둠 속에서 빛나고 있었다

을밀대
—평양 물냉면

말을 하지 않아도 서로를 알고 있는 사람들
편안하게 둘러앉아 평양 물냉면을 먹는다

갓 뽑아 끓여낸, 슴슴한 면수
오랜 시간을 고아 만든 맑은 육수

슴슴한 면수와 어우러진 육수에
면을 살살 풀면 은은하고 순수한 메밀 향
서로가 어우러져 자신을 고집하지 않는다

오래된 친구같이 편안하고 은은하고 슴슴한
자신의 특별함을 치장하지 않는다

고요한 달빛 같은 맛이다

겨울

하얀 무명천에 동그란 수틀
동그란 수틀 안에 푸른 잎
푸른 잎과 줄기 줄기들
줄기들 사이로 고개를 쏘옥 내민
노란 꽃과 붉은 뱀딸기

봄,
봄을 수놓았다

지난겨울, 화선지에

지난겨울, 화선지에
태점이 있는 등걸과 빈 가지만을 그렸다

오래된 등걸과 가지에
물관을 타오르는 숨결 소리가
화선지에 번진다

아파트 정원 백매화
하얀 눈꽃으로 피고 지거늘
그렇게, 꽃들은 잠시 피었다 지거늘

언제나 그랬듯이 꽃이 되게 해준 정점
그 순간의 떨림, 그 떨림의 찰나들을
잊고 살고 있는 것은 아닌가

아주 오랫동안,
나의 화선지에 내 붓을 부려 허락하는 그림은
태점이 있는 등걸과 가지만일지도 모른다

바늘로 쓴 시

계절이 이음수로 건너갔다

틈과 틈 사이를 메우는 동안
계곡에선 바람이 불어왔다

얼레지꽃, 알록제비꽃, 큰앵초, 은방울꽃, 천남성,
큰꽃으아리, 큰개별꽃, 세잎 양지꽃, 노루귀, 족두리풀,
할미꽃, 금붓꽃, 백선, 중의무릇, 큰괭이밥, 변산바람,

내 안의 봄.

한동안 계곡의 꽃과 바람 물소리를 수놓았다

제2부 봄

바다의 편지 1

—팽목항

진도 팽목항에선 날마다 편지가 전송되었다

검은 리본을 단 고요의 문장들

봉인된 슬픔은 거리거리마다 노란 수선화로 피었다

요나처럼 요나처럼 살아서 돌아오라고

두 손 모아 간절히 드리는 기도

백일이 지나도 이제 더는 전송되지 않는

불러도 불러도 대답 없는 침묵의 메아리

붉게 물든 저녁노을 위에 핀

곡선의 쌍무지개 그대들의 붉은 영혼

바다의 편지 2
—동거차도

남녘 섬, 동거차도엔
아직도 떠오르지 못하는 세월호가 있다

겨우내 찬바람을 맞던 천막 속엔
어느새 두어 번의 봄바람이 지나가고
겨울이 오고 있다
진실을 기다리는 간절한 사랑이 있다
눈물을 닦으며 차려낸 과자 한 상이 있다
눈물로 유류품들을 세척하며 지켜주지 못한
미안한 마음들이 있다

세월 속에 잊힐까 두려운

남녘 섬, 동거차도엔
아직도 떠오르지 못하는 세월호가 있다

바다의 편지 3
—봄

너희들을 무엇으로 이름하랴
해
달
별
바람
공기
대지 위에 피어나는 풀꽃
그 위에 사뿐히
내려앉은
나비, 나비 떼들
영원히 지지 않고 피어오르는 봄

너희들은 봄이다

늦게 도착한 편지

지난겨울,
중앙아시아 중앙에 위치한 우즈베키스탄의 작은 마을에
편지를 썼다.

미숙아로 태어나 다섯 번째 생일을 맞이하기도 전,
추위와 굶주림으로 죽어가는 아이들,
사랑의 온도가 필요한 아이들에게
저체온증을 방지해줄 편지는 작은 정성이 담긴 사랑의 모자였다.

그 모자는 아이들에게 쓰는 사랑의 편지였다.
주황색과 빨강색 털실로 써 내려간 알록달록한 문장들,
몇 통의 사랑의 편지를 뜨는 동안,
아이들의 초롱초롱한 눈망울들을 떠올렸다.

추위와 굶주림으로 태어나기 전부터 미숙아인 아이들,
그 편지는 아기의 체온을 보호하고,
엄마의 체온과 심장박동으로 인큐베이터의 역할을 하는 캥

거루 케어였다

겨울이 가고, 새봄이 오는 동안 내 마음엔 꽃물이 들었다.
두어 번의 계절이 지나고, 늦게 도착한 편지의 답장이 왔다.

아이들은 지금 사랑의 편지로 자라고 있는 중이다.

어머니는 입덧 중이다

어머니가 보내주신 하얀색과 노란색 메론 여섯 개
배꼽엔 탯줄 같은 꽃잎이 채 떨어지지 않았다

내가 태아로 어머니를 만난 날
그 연약한 꽃잎이 커다란 열매들을 키워왔던 것이다

어머니 배꼽에 맺혔던 꽃
한참을 바라보다
나의 유전을 생각해내는 것이다

그 꽃이 나를 키웠다고 생각하니 배꼽이 간지러워졌다

어머니와 내가 태아로 만난 날
어머니는 입덧 중이었다

핸드폰이 아프다

엘지병원 나동 대기실 진찰을 기다리는 사람들
무음 무색의 핸드폰을 들고 표정 없는 얼굴들,
호명을 기다리고 있다
호명이 되고 검진이 시작되었다

'바이러스 감염에 의한 인식 오류'

오랫동안 너무 많은 것을 담았던 핸드폰은 면역체계에 이상이 생긴 것이다
언제부터인가 핸드폰은 병들어 신음하고 있었던 것이다
지성과 감성 육성으로 모든 것을 대신하던 핸드폰은
온전히 사람의 모습으로 병들어가고 있었던 것이다

봄이 아프다

K–16 미군기지 커지는 소음
전투기가 이륙하고
아파치 헬기가 뜨고 내린다

들녘에 생명들이 피어나고
세상은 환한데
갈아엎어 놓은 황토빛 대지
절규하는 대추리 마을 사람들

마지막 자존의 씨앗을 심는
들녘이 사람이 되어 울어주는

조상의 뜨거운 피가
불꽃으로 피어나는 곳

봄이 오고
땅을 갈고
씨를 뿌려야 한다

텃밭에 감자를 심는
대추리 사람들

나비

죽음을 통과한 어머니는
나비가 되어 날아갔다

인견 수의를 입고 곱게 화장을 하고
11월의 나비가 되어 훨훨 날아갔다

이제 나는 어머니를 나비라고 부를 것이다

꽃들을 환하게 피워 어머니를 부를 것이다

올봄,
이 세상을 벗어놓고 간 어머니는
나비가 되어 날아왔다

죽어도 죽지 않는 어머니

그녀의 생(生), 엔딩 사막이 흐르다

그녀는 낮은 강에서만 사는 물고기였다
그녀는 한 번도 실개천을 떠나 살아본 적이 없다

살구꽃 피던 텃밭 모퉁이에 노란 수건을 쓰고 앉아 생(生)의 한철 길고 긴 줄의 시(詩)를 피우고 지우는 동안 검은 호랑나비는 너울너울 그녀의 어깨 위로 날아갔다

"고장 난 텔레비전이나 컴퓨터 삽니다"

그녀의 삶, 엔딩 자막이 흐른다

가뭄 속에 몸부림치던 흑거품 사각의 흑백 화면 속으로 사라지고 있다
이제 다시는 부팅되지 않는 희미한 그녀의 삶, 사각의 어둠 속에 갇히고 있다

꽃봉오리의 그녀, 세찬 바람에 만개하여 흐트러지는
누구도 그 꽃의 향기를 맡아본 적이 없다

꽃피는 최氏

최氏 아저씨는 봄이 오면, 석류나무와 매화나무 목백일홍 어린 묘목을 심어놓고 나무들에게 정성을 기울였다

자전거를 타고 한약을 다리고 남은 찌꺼기를 한약방에서 구해 정원의 나무에 묻어주곤 했다
아파트 정원은 늘 한약 냄새가 났다
한약재를 먹고 자란 아파트 단지 내 정원의 나무들은
언제나 빛깔이 선명한 잎새와 꽃들이 무성한 숲이었으므로,
새들이 날아와 노래를 불렀다
최氏 아저씨의 사랑을 먹고 자란 정원의 나무들은
튼실하게 자라 꽃이 피고 열매가 맺기 시작했고
나무와 꽃들과 싱싱한 잎새들과 바람과
열매들은 한 줄기 시(詩)가 되었다
정원 가꾸기에 몰두한 최氏 아저씨는 경비실에 늘 존재하지 않았다
인터폰을 해도 받지 않았고, 경비실 문은 늘 잠겨 있었다.
시(詩)를 일구고 가꾸기에 몰두했던 최氏 아저씨는 얼마가 지난 후 해고되었다

아파트 단지의 한약 냄새도 사라지고 새들의 노랫소리도 들리지 않았다

정원의 나무들은 발등이 드러나 보이기 시작했다

하나 둘씩 사라져가는 아파트 정원의 나무들

새로 온 경비 김氏는 어느 날, 녹지를 변경하여

주차장 만든다고 동의서를 받으러 다녔다

나는 그날 동의서에 동의하지 않았다

정원의 나무들이 하나 둘씩 사라져가고 자동차들이

줄지어 빼곡히 들어서 있는 아파트 정원

최氏 아저씨가 피고 있다

최氏 아저씨가 심어놓고 간 긴 줄의 문장들이 꽃망울 터뜨리고 있다

꽃씨

지난가을 받아놓은
채송화 분꽃 나팔꽃 맨드라미 꽃씨
꽃씨 주머니 속에서 긴 겨울잠을 잤다
겨울잠을 자는 동안
검은 눈동자는 더욱 맑고 빛났다
긴 침묵 속에서 꽃씨들은
저마다 초록 꿈을 꾸고 있었다

꽃씨를 가르며
나의 빛과 그림자를 들여다보았다
딱딱하고 푸른 어둠으로 둘러싸인
내 속을 들여다보았다
오랜 침묵과 고요를 통과할
여린 빛살 하나
문풍지 사이로 비치고 있었다

비늘 꽃

어머니 방을 치우며
어머니의 비늘을 줍는다

꽃가루 같은 어머니의 비늘들
탄력도 광택도 없이 바래어
보랏빛 매트에 하얗게 피어 있다

거친 물살을 가르며 돌아와 누운
生의 자리에
피워 올린 비늘 꽃

등 푸른 내 비늘 위에
봄볕 환한 거리에
하얗게 피어 지고 있다

복숭아나무

떠돌이 약사차림을 한
태풍 산산 같은 사내는
복숭아 가지에 매달려
익지 않은 복숭아를
사정없이 흔들어댔다

주렁주렁 매달렸던
푸른 눈망울들이
또르르 땅에 떨어졌다

사내는 검은 봉투에 사정없이
폭력을 주워 담았다

푸른 솜털이 포르르
돋아 있는 풋복숭아

어미 품속에서 젖을 물고 있다가
영문도 없이 떨어져 나온 어린 새끼들 같았다

복숭아나무는 그날 밤
밤새 젖몸살을 앓고 있었을 것이다

입덧

어머니 잠이 들고 싶어요
어머니 자궁 속에서

어머니의 어머니
할머니의 할머니가 갈라놓은 탯줄

탯줄들이 줄기를 뻗어가고 있나 봐요
방과 방들이 자라고 있나 봐요

배꼽이 간지러워요

탯줄을 타고
안온한 방에 들고 싶어요

미처 자라지 못한 꿈들
영아로 꿈틀거리고 있네요

부풀어 오르는 자궁 속에서

무위사(無爲寺)

욕심을 내려놓고
빈 마음으로 들어서야
볼 수 있다는
무위사 극락전 관음보살

미완의 깊은 눈동자엔
천 년 바람이 일고

열매 맺지 않는다는 한 生
절간 마당 홍매화
파랑새 붉은 울음으로 울다 간 자리

천 개의 푸른 눈
눈동자로 피어나고

꼬리에 꼬리를 무는

봄날 오후 수종사 오르며
꼬리 잘린 도마뱀을 만났다

꼬리는 어디로 간 것일까
내 전생을 만나는 것 같았다

어디에 잘린 꼬리를 두고
여기까지 달려온 것일까

꼬리에 꼬리를 무는

돌이켜보면
수많은 꼬리들을 자르며 여기까지 달려와 있었던 것

달려온 길들은
내가 자르며 달려온 꼬리였던 것

수종사 뜰엔

오백 번 봄을 맞은 은행나무 가지들이 새순을 틔우고
천 개의 길들을 허공에 키우고 있었다

생일

아침 일찍
돌아가신 친정어머니께 다녀왔다

돌아와 보니
딸들이 차려놓은 생일상이 꽃밭이다

살아생전 어머니 생신 때,
친정에 가면 아들과 며느리 손자 손녀 딸과 사위가 좋아하는 음식을 장만해놓고
기다리셨던 어머니

나는 그런 친정어머니를 위해
따뜻한 밥 한 그릇
아욱된장국, 생선 한 접시 구워
소박한 밥상조차 차려드린 기억이 없다

평생 우리들의 밥으로 사셨던 어머니

오늘은 어머니를 위해

따뜻한 밥 한 그릇과 미역국, 청어 한 마리를 구워 소박한 밥상을 차렸다

사랑의 순도
—초콜릿 Dream Cacao 72

Dream Cacao 72

꿈의 카카오 72프로의 사랑을 먹는다
순도가 높은 초콜릿은 달콤하지 않아

혀가 오그라들듯 전율해오는 사랑의 쓴
72프로 꿈의 카카오를 먹는다

사람들은 56프로의 적당한 순도의
조화롭고 안정적인 사랑을 원하지만

꿈의 카카오 72

내 사랑은 결코 달콤함에
있지 않음을 안다

제3부 여름

몇 발자국

이른 아침, 산책길에서
죽어있는 지렁이 떼를 만났다

아스팔트 건너다
뜨거운 열기에 데어 죽은 지렁이 떼
몇 발자국이면 건널 수 있는 거리가
연옥이 되고 말았다

몇 발자국이
지렁이들에겐 뜨겁고 목마른 사막이었으리라

풀숲을 가로질러 만든 긴 아스팔트 산책길
몸부림치다 죽은 지렁이들의 행렬

그 죽음의 행렬 위에 찬란한 아침 햇살
그 죽음의 행렬 위를 걷고 있는 사람 사람들

오, 나의 아마빌레

너를 사랑하면 안 되는 것들
내 몸속에 자라고 있다

폭염 속에서 울어대는 매미 울음들
똬리를 틀고 들어앉아
나를 지휘하고 있다

오, 나의 아마빌레

그칠 줄 모르는 너의 연주 소리 내 안에 울려 퍼지고 있다
오, 나의 아마빌레

너를 사랑하기 위해 투여하는 항생제
지독한 항생제로도 면역이 되지 않는
오, 나의 아마빌레

지독한 나의 사랑

무언가(無言歌)

올 여름 나는 휴가를 떠나지 않았다
내 마음 때때로 가뭄이 일 때도 있었지만
한 번도 떠나본 적이 없는 가구들과 벽시계 소리와
어항 속 헤아릴 수 없는 열대어 귀여운 구피 새끼들과
내 마음은 때로는 홍수가 일 때도 있었지만
아파트 정원 붉은 접시꽃이 피었고
흰 보라 도라지꽃이 피었고
나팔꽃은 이른 아침 접시꽃대를 타고 올라
보랏빛 음색의 색소폰 연주를 들려주었다
여름의 색과 빛과 소리의 풍경 속
붉은 꽃잎 무성한 배롱나무 위엔
하얀 눈이 소복이 쌓이고 있었다
오랜 날을 두고 땅속 굼벵이로 견뎌 온
투명한 얼음 매미의 울음소리 들으며

내 마음의 연못

오지항아리 뚜껑
둥그런
내 마음의 연못

열대어
서너 마리

새털구름 데리고
푸른 하늘이 내려왔다

하늘하늘
옥빛 물결
쪽빛 바다가 보인다

마음이 맑은 날
비춰보는
내 마음의 자리

수국꽃

절간 마당 보랏빛 수국꽃

부처님 머리를 닮은 수국꽃

모두가 모여 어깨동무

손에 손잡고 둥글게 둥글게

빙글빙글 돌아가며 하나가 된

우주를 닮은 꽃

맨드라미

비 내리는 정오 이웃집 여자는 검은 우산을 쓰고
꽃밭에 심어놓은 맨드라미를 스테인리스 밥통에 옮겼다

서너 개밖에 없는 맨드라미를, 내가 말렸음에도 한사코 꽃삽으로 맨드라미를 떠서 스테인리스 밥통에 옮겼다

"아주머니 그 꽃은 이곳이 제자리예요 옮기면 죽어요"

한사코 말리던 나를 뒤로하고 붉은 목줄기가 퉁퉁 부은 맨드라미를 스테인리스 밥통에 담고
이웃집 여자는 현관문을 쾅! 닫고 들어갔다

"아주머니 그 꽃은 이곳이 제자리예요 옮기면 죽어요"

스테인리스 밥통 안에서 붉은 밥으로 피었을 맨드라미

단단하고 견고한 밥이 되었을 맨드라미, 견고한 자리에 밥으로 피었을 맨드라미

자리를 찾아 헤매던 붉은 기억이 나날 거처할 자리가 없는 거리의 사람들, 자리가 밥이 되어주었던 밥을 찾아 떠도는 사람들

해바라기
—고독

한적한 오후, 해바라기 씨앗 같은 검버섯이 촘촘하게 박혀 있는 얼굴의 노인들, 삼삼오오 짝지어 벤치에 앉아 있다. 연로하거나 반신불수가 되어 거동이 불편한 아파트 단지의 노인들이다.

은행지점장을 지냈다는 J할아버지 중학교 교사를 하다가 퇴직을 했다는 K할머니, 오후 2시 벤치는 토론이 한창이다.

말발이 센 두 노인을 중심으로 오후 2시 벤치의 열기는 뜨겁다. 아직도 버리지 못한 두 노인의 호기는 오히려 적막한 노인들의 심심풀이가 된다. 정치건 사회 이야기건 묵묵부답으로 들어주는 몇몇의 노인들, 이도저도 아닌 이십 대에 청상과부가 된 기름집 할머니, 반신불수로 언제나 침묵이 언어다.

학력이 높거나 자식들이 출세하였거나 이곳에 모인 노인들의 오후 2시 벤치는 모두가 평행선이다. 해가 지는 방향을 바꾸어가며 시계의 초침과 분침이 움직이듯 돌고 돌아앉은 적막한 오후의 해바라기, 노인들 오늘도 긴 하루 해바라기 중이다.

출국

어머니 뱃속에서 열 달

태어나서 칠십 년에서 백 년

주머니 없는 수의 한 벌

생애 지은 모든 것

입국심사를 받고 있는 사람들

궁중 삼계탕

초복 지나고 중복
궁중에 와야 먹을 수 있다는 궁중 삼계탕
뜨거운 뚝배기에 보글보글
주먹만 한 어린 닭이 웅크리고 있었다
머리와 가슴 배 팔 다리가 겨우 분리된
아주 어린 영아의 모습이었다
궁중에 와야 먹을 수 있다는 궁중 삼계탕
땀을 뻘뻘 흘려가며
그 연하고 여린 살을 먹었다
뻣뻣해지고 질겨진 내 근육들에게
그 연한 살들을 대접했다
하루 종일 나는 그 어린 살들에게 미안했다
내 몸속에 웅크리고 있을 것 같은 그 어린 살들
어린 살들이 자라나고 있는 것 같았다

매미

매미가 하루 종일 울었다

하루 종일 나를 데리고 울었다

나를 데리고 한참 울다가 울다가 멈추면

먹먹해져 오는 고요 고요의 문장들

나를 내려놓고 가는 울음정거장

수덕사

산문 안으로
걸어가는 여자

가던 길 멈추고
서서 뒤돌아보네

산문 밖
이편에서 보면
속세를 떠나온 것인데

산문을 경계로 두고
마주 보고 서 있는 여자

한참을 마주 서서 바라보네

산문 밖으로
걸어가는 여자

산문 안
저편에서 보면
서로 맞닿은 것인데

가던 길 멈추고 서서
뒤돌아보네

소녀의 꽃밭

소녀라는 말에는 꽃향기가 난다

꽃다발이 놓인 소녀의 동상 앞
나비가 날아들었다

깊은 어둠 가슴에 묻고
뜯겨진 머리카락
주먹 쥔 두 손

마음이 추운 소녀

무더운 여름
털목도리를 두르고 서 있다

맨발의 소녀 눈물 글썽이며

경계 밖에 서 있다

고흐가 따라왔다

이비인후과 다녀오는 길
해바라기 노랗게 피고 지는 모습
고뇌하는 고흐다

올해 여름
해바라기만 보면
귀가 아팠다

마음의 칼을 품었던 유다
예수를 배반한 유다의 얼굴로
고흐가 따라왔다

현기증 나는 오후
샛노란 하늘

귀가 아프다

풍경

1

하얗게 눈 내린 아침
붉은 수수엿물
펄펄 끓어오르고
아궁이 속에선
군고구마가 익어갔다
동네 바둑이들은
온 세상 하얗게
덮은 눈밭을 뒹굴며
저 세상을 본다
온돌방 아랫목엔
제 몸을 삭이며
발효를 꿈꾸는 콩씨들
곰팡이꽃으로 피어난다

2

땅속 깊이 묻어둔
청무

오월 잎새보다
더 푸르구나
칼바람으로 쳐낸
오월의 작은 잎새
청국장을 띄우고

분꽃

어머니는 분꽃을 오후 5시 꽃이라고 했다

분꽃이 피기 시작하면 하얀 행주치마를 두르고
꽃시계에 맞추어 저녁밥을 지을 쌀을 씻었다고 했다
어머니는 꽃시계에 맞춰 꽃밥을 지어 주셨다
하얀 행주치마를 두르고 곱게 단장을 하고
분꽃이 피는 시간에 맞춰 밥을 지어 주셨다
아무리 먹어도 싫증이 나지 않는 꽃밥
지금도 어머니 정원엔 어머니의 꽃시계가 피고 있다
영원히 시들지 않는 어머니의 꽃시계
내 정원 화단에도 꽃시계가 가득 피어나고 있다

어머니는 분꽃을 오후 5시 꽃이라고 했다

봉숭아꽃

고이 접은 신문지를 펼치자
연하고 고운 꽃잎들 납작하게 엎드려 숨죽이고 있다

붉게 피어 있는 봉숭아 꽃잎을 한 잎 한 잎 따며
마음 안에 꽃이 활짝 피었을 모습을 생각한다

딸들에게 아빠의 마음을 곱게 빻아 물들이는 시간
셋째 딸은 열 손가락 손톱에 아빠의 사랑을 물들이고

둘째 딸은 아빠가 최고라고 엄지손톱에 만 아빠의 사랑을
물들인다

큰 딸은 물들이지 않아도 되는 영원한 사랑

촉촉하게 젖은 눈가에 눈물 꽃이 핀다

아주 오랫동안 그 봉숭아 꽃물은 내 생애 밀물과 썰물로 오
래 드나들 것이다

오얏꽃

덕수궁 석조전
문양으로
깊이 새겨진 대한제국의 꽃

황제의 나라
대한제국에서

피다가 만 꽃

덕혜옹주를 닮았다

제4부 가을

밥상

오늘은 소박한 밥상에

거룩한 성찬을 차린다.

일용할 양식이 될

말씀과, 기도서, 묵주

영원한 생명의 양식이 될

밥상을 차린다.

수녀원 뜰에서

백합꽃 하얀 얼굴
이슬처럼 맑은 시선
차마 눈 맞추지 못하였네

나 무엇으로 살아
그 눈빛 닮을 수 있을까

욕망의 꽃
허영의 꽃으로 피운 얼굴

돌계단 틈에 핀 들국화
그 향기로 닦아 볼까

하늘 우물에서 길어온
성수(聖水)로 닦아 볼까

오이도

수묵화 같은
오랜 오이도

어미의 빈 젖가슴
반쯤 드러낸 바다

오랜 제 생명도
모두 내어 주었네

세상 가난한 새 가슴
숭숭 뚫어진 구멍들

서해 끝 너른 파도는
세상 상처 끝없이 덮어주고

가을 하늘에 기러기 떼
한 줄 넉넉하게 풀어놓았네

노을빛 생(生)이 여물어가다

어머니와 함께
미나리 부침을 먹는 정오

빨간 고추잠자리 날아오르는 푸른 하늘 사이
빛바랜 감나무 잎 사이로 붉은 홍시가 보인다

푸른 미나리 부침을 좋아하시는 어머니
노란 감꽃 계절 지나고
반질반질 윤이 나던 청시의 시절도 지나고

이제는 홍시도 아닌 연시로
붉게 물든 노을빛 생(生)이
저물듯 여물어가고 있다

뿌리

나무만 뿌리가 있는 것이 아니었다

일흔여섯 해 동안 묻혀 있던
옹이 지고 단단한 뿌리들
쉽게 뽑혀지지 않았다

사 대의 뿌리가 수습되는 동안
기둥 같은 어머니의 무릎을 꼭 잡고
뿌리내렸던 깊게 패인 웅덩이에
이제 다시는 뿌리내리지 못할 슬픔 하나를 봉인했다

이제 그 자리에는
허전하고 시린 겨울바람이 드나들 것이다

식구

기억이 사라져가는 어머니는

나를 식구라고 부른다

식구라고 호명되는 나는,

날마다 어머니 부르심에 응답한다

식구야!

올해로 한솥밥을 먹은 지 삼십 년

식구야!

그 한마디 울림의 말

어머니는 나의 성소다

나는 어머니 부르심에 응답 받은

어머니의 성소다

허난설헌

아득히 먼 이곳 강릉 땅
낯설지 않았어라
고요한 경포 호숫가에
목란 배 띄우고
겨울 뜨락 홀로이 노란 소국
맑은 영혼으로 피었어라
해송 숲에서 불어오는 솔바람 향기
찬 서리에 더욱 푸르렀어라

푸른 비늘

어머니가 짓는 구수한 밥 냄새
석쇠에 굽는 청어 몇 마리

푸른 비늘 황금 비늘로 타는 저녁

보랏빛 꽃이 작게 피는 아욱
보랏빛 꽃은 말고

삶의 모서리에 부딪쳐
돌고 돌아가는 길

어머니가 끓여주시던
푸른 잎새의 아욱
아욱국이 먹고 싶다

홍어

내 사랑은 지금 발효 중이다
젊은 날의 푸른 혈기
넓은 바다로 유영하고 돌아와
푸른 수면을 깊숙이 들이마시던
옛 기억일랑 내장 속으로 묻어두고
발효를 꿈꾸는 사랑
내 사랑은 지금 숙성 중이다
코를 찡하게 하는
애탕 같은 사랑이다

풍장

가지 호박 고구마 연근
가을바람에 풍장 중이다

생(生)의 촉촉한 물줄기
토막으로 잘려 나가고

삶을 지탱해주던
단단한 뿌리들

바람이 들고
체온이 싸늘해져 왔다

비워낼수록 바람과 함께
푸르러지는 영혼

박제가 된 몸속에서
피가 돌고 겨드랑이가 간지러워졌다

로빙화

네 향이 그리운 날

차를 마시며
눈물 꽃이 된
로빙화를 생각한다

로빙화로 인해 차가
향기로울 수 있다는 걸
차는 알고 있을까

차는 온전히
제 향인 줄로만 알았다

나로 인해 누군가
행복해지고
나로 인해 누군가
향기로울 수 있을까

나를 향기롭게 한
모든 것들을 위하여
나는 향기로울 수 있을까

광화문 문고

시월 오후, 5호선을 타고 광화문역에서 내렸다
내려서 돌아보니 시집들이 차창에 펼쳐져 있었다
한 걸음 한 걸음 걸음을 옮겨 가며 시집을 읽는 동안
전동차들은 소음을 내며 멈추어 섰다가 달리기를 반복했다
속도를 낼 때마다 투명한 유리창에 시들이 사라졌다
투명한 유리창에 시들이 문(門) 속으로 사라졌다
출구를 찾지 못하고 한참을 서성거리며 시를 기다렸다

나는 그날 교보문고에 가지 않고
한참을 서성거리며 광화문 문고에서 시가 돌아오기를 기다렸다

모과처럼

과일가게 옆을 지나가다
오래된 친구의
편안한 얼굴을 만났다

제 빛깔을 한껏 자랑하는
화려한 과일들 옆에서
덤덤하게 앉아 있는 모과

나를 바라본다

내 삶의 언저리
가식으로 얼룩진 가면들을 벗고
모과처럼
여유롭게 앉아 있고 싶다

거울

거울 속에 어머니가 있다

거울을 들여다보면
깜짝 놀라 들여다보면

나를 들여다보는 어머니

온화한 미소를 지으면 온화한 미소를 짓는 어머니
슬픈 표정을 지으면 슬픈 표정을 짓는 어머니

거울 속에 어머니가 살고 있다

어머니가 그리운 날

거울을 들여다보면, 나를 들여다보고 있는 어머니

새들은 발자국을 벗어놓고 날아간다

천 개의 파도가 부서지는 비 오는 날
바다는 첼로 음을 낸다

밀물과 썰물로 드나드는 생(生)의 바닷가
눈의 발자국
코의 발자국
귀의 발자국
입의 발자국
누군가 벗어놓고 간 마음 발자국들

알 수 없는 생(生)의 바닷가에서
성난 파도로 오열하는 한 사내
바다를 불러 마주앉아 잔을 기울인다

새들은 발자국을 벗어놓고 날아가 버리고
새들이 벗어놓은 발자국들
푸른 파도가 들어와 지우고 있다

구두 굽을 갈며

오랫동안 신고 다니던 구두 굽을 보며
왜 걸음걸이가 펀치 않았는지
알게 되었다

균형 잃은 내 보행의 습관이
구두 굽에 선명하게 기록되어 있었다

길거나 짧았던 생의
모난 단면들을 보는 것 같았다

굽이 한 쪽만 너무 닳지 않도록
걸음마를 다시 배워야 할까

쇠굽을 덧대어 버티어야 할까
긴 궁리 끝에

빛 좋은 가을 날 오후

남은 생의 보행을 위하여

낡은 구두의 굽을 갈기로 하였다

오래된 집

오십여 년 넘게 살아온 오동나무는
백육십여 평 푸른 그늘 드리운
바람의 집이었다

보랏빛 오동꽃
꽃등으로 걸리고

푸른 이끼가 낀 기왓장
오래된 집을 지키는 건 오동나무였다

마른 뼈들 속에는
푸른 힘줄이 돌고

그해 여름은
햇빛이 투명하고 별이 빛났다

해설

생(生)의 리듬과 타자의 시간

이재복 문학평론가·한양대 교수

신경희의 시는 생의 리듬으로 충만하다. 이와 관련하여 인상적인 것은 이 시집의 구성이다. 총 4부로 되어 있는데 이 구성이 사계절의 원리를 따르고 있다. 그런데 시인은 이 구성을 '봄—여름—가을—겨울'이라는 널리 일반화된 순서가 아닌 '겨울—봄—여름—가을'의 순서로 바꿔놓고 있다. 시집의 구성을 이렇게 함으로써 시인은 여기에 자신만의 질서를 부여하고 있는 것이다. 시작이 겨울이고 끝이 가을인 구도, 프라이의 원형이론에 입각해서 보면 겨울은 죽음이고, 봄은 탄생, 여름은 풍요, 가을은 쇠락이다. 생성과 소멸이 원형을 이루는 구도로 세계를 해석한다는 것은 계절의 위치를 어디에 위치시켜 놓더라도 이것들이 서로 맞물려 있다는 것을 의미한다.

겨울이 죽음이면서 동시에 봄의 탄생과 맞물려 있기 때문에 그것은 아이러니하고 풍자적인 의미를 지니게 되는 것이다.

시인의 의도 역시 이러한 구도 내에 있지만 시에서 그것을 읽어내는 일은 섬세함을 필요로 한다. 가령 시집 구성의 끝에 놓여 있는 가을은 단순히 쇠락으로 포괄할 수 없는 다양함을 지니고 있다. 시인이 드러내는 가을은 쇠락으로 인한 외로움과 쓸쓸함도 있지만 여기에서의 그것은 충만함과 비움 혹은 숙성과 성찰(반성) 같은 의미가 강하게 투영되어 있다. 쇠락의 시간을 향해 달려가는 자신의 모습을 보고 시인은 외로움과 쓸쓸함을 느끼는 차원에서 그치지 않고 그것에 대해 일정한 거리를 두고 성찰하는 태도를 보인다. 이것은 시간의 흐름을 자신의 생의 차원과 연결시키고 있는 데서 비롯된 것이라고 할 수 있다. 이런 점에서 시인에게 가을은 단순한 시간의 흐름으로만 인식되는 것이 아니라 "노을빛 생(生)"(「노을빛 생(生)이 여물어가다」)에서처럼 그것은 하나의 생의 차원으로 인식되는 것이다. 이럴 경우 이 말이 함의하고 있는 바는 다양할 수밖에 없지만 시인은 그것을 "여물어간다"는 말로 드러내고 있다.

가을, 다시 말하면 생을 여물어가는 것으로 인식한다는 것은 그것이 일정한 과정을 거쳐 질적인 도약을 한다는 의미로 볼 수 있다. 느낌만으로 생을 드러내는 것이 아니라 오랜 성찰의 과정을 통해 그것을 드러낼 때 생의 잘 여문 차원이 드러나는 것이다. 이런 점에서 잘 여문 대상이나 세계는 시인의 오랜 성찰의 과정을 통해 발견되는 것이다. “오랜 제 생명을 모두 내어 준 어머니 같은 모습”(「오이도」)을 발견한다거나 “숙성 중인 사랑”(「홍어」)을 발견한 것, 그리고 “비워낼수록 푸르러지는 영혼”(「풍장」)의 발견 등은 모두 그것의 적절한 예들이다. 생이 잘 여물기 위해서 비움과 숙성의 과정이 전제되어야 한다는 것은 시인의 관념 속에서 만들어진 것이 아니라 삶의 체험 속에서 만들어진 것이다. 관념 속에서 만들어지는 것은 자아의 폐쇄된 세계를 지니고 있기 때문에 외부 혹은 타자의 자극에 어떤 반응도 보이지 않는다.

그러나 시인의 태도는 이와는 다르다. 외부 혹은 타자의 자극에 언제나 마음의 문을 열어놓고 있다. 이 타자 중에서도 특히 어머니라는 존재는 시인에게 각별하다. 어떤 타자보다도 시인의 마음은 어머니를 향해 활짝 열려 있다. 시인뿐만 아니라 모든 이들에게 어머니라는 존재는 각별하다. 태초의 교감이 어머니를 통해 이루어지고, 어머니의 살과 피를 받아 성장한 점을 상기한다면 어머니만큼 정서적으로 친밀한 존재도 없을 것이다. 몸과 마음 모두 연결되어 있는 존재로서의 어머니에 대해 의식의 표층부터 무의식의 심층에 이르기까지 우리의 촉수는 그쪽을 향해 열려 있는 것이 사실이다. 때때로 이 관계의 과도함으로 인해 감정의 엉킴이나 불안정함이 드러나기도 하지만 어머니라는 대상은 타자와의 관계

정립을 배우고 익히는 출발점이라고 할 수 있다. 어머니라는 대상에 대한 남다름은 시인들이라고 예외는 아니다. 많은 시인들이 어머니에 대해 이야기해 왔으며, 특히 여성 시인들의 경우에는 이미 어머니가 되었거나 될 자신의 정체성 차원에서 그것을 이야기해 왔다고 볼 수 있다. 이것은 어머니와 나(여성 시인)를 동일시의 차원에서 바라볼 개연성이 크다는 것을 의미한다.

시인이 어머니에 대해 가지는 태도 역시 이와 무관하지 않다. 시인이 어머니에게서 특히 주목한 것은 그녀의 '생'이다. 어머니의 생을 통해 자신의 생을 들여다보려는 욕망이 시의 행간 속에 잘 투영되어 있다. 시인에게 어머니의 생은 "무거움"(「세족례」) 그 자체이다. 이 무거운 짐을 어머니는 "평생 지고 업고" 하면서 온 것이다. 생의 무거움은 어머니를 "견고하고 단단한"로 존재로 만들어버렸지만 시인은 그것에 대해 무한한 연민을 느낀다. '견고함과 단단함' 이면에 은폐된 어머니의 '부드러움'을 발견하고 그것을 어머니의 또 다른 모습으로 품어 안는 시인의 태도는 둘 사이의 거리를 느낄 수 없을 만큼 강한 친밀감을 드러낸다. 무거움으로 표상되는 어머니의 생을 보듬어 안고 여기에 무한한 연민과 화해의 정서를 투사하는 시인의 태도는 "비늘"이라는 독특한 상징을 탄생시킨다.

어머니 방을 치우며
어머니의 비늘을 줍는다

꽃가루 같은 어머니의 비늘들
탄력도 광택도 없이 바래어
보랏빛 매트에 하얗게 피어 있다

거친 물살을 가르며 돌아와 누운
생(生)의 자리에
피워 올린 비늘 꽃

등 푸른 내 비늘 위에
봄볕 환한 거리에
하얗게 피어 지고 있다

―「비늘 꽃」 전문

시인과 어머니의 교감이 '비늘'을 매개로 이루어지고 있는 시이다. 시인이 보기에 이 '비늘'은 "탄력도 광택도 없이 바래어" 마치 '하얀 꽃가루' 같은 것이다. 목숨이 다한 사람의 몸을 화장하면 하얀 뼛가루만 남는 것을 상기한다면 이 표현은 어딘지 모르게 어둡고 무겁다. 하지만 시인은 그것을 "비늘 꽃"이라고 하였다. 꽃이 되는 순간 그 어두움과 무거움은 질적 도약을 하게 되어 환한 어떤 것으로 바뀐다. 탄력도 광택도 없이 바랜 어머니의 몸이 이렇게 질적 도약을 거쳐 꽃이 될 수 있다고 본 시인의 상상적 근거는 어디에서 온 것일까? 이 물음에 대한 답은 "탄력도 광택도 없이 바래어"라는 문맥 속에 내재해 있다. 이 말은 시간에 의한 과정을 드러낸다. 어떤 것이 '바래어'지기까지의 과정이 전제되어 있다는 것이다. 그렇다면 무엇이 '바래어'졌다는 것인가? 이 대목까지 오면 우리는 어렵지 않게 그것이 어머니의 몸, 다시 말하면 '어머니의 생'이라는 것을 알게 된다.

"비늘 꽃"이 단순히 어머니의 육체의 산물이 아니라 "거친 물살을 가르며" 오는 과정에서 만들어진 어머니의 생의 산물이라면 그것은 숭고할 수밖에 없다. 숭고란 매혹의 대상을 향한 지향성을 지닌다. 어머니의 생에서 숭고함을 체험한 시인은 '어머니의 죽음'에서도 그것을 체험한다. 어머니의 죽음을 육체적 차원을 넘어 영혼(정신)의 차원으로까지 인식하고 있다는 것을 우리는 「나비」에서 발견할 수 있다. 시인은 어머니의 죽음을 일종의 통과제의로 보고 있다. 죽음이 끝이 아니라 또 다른 세계로 나아가기 위한 하나의 관문이라면 어머니는 "죽음을 통과한 것"(「나비」)이 된다. 이 죽음을 통과한 어머니는 한낱 육체로 남게 되는 것이 아니라 그것이 질적인 도약을 해 어떤 새로운 그 무엇으로 존재하게 되는데 그것이 바로 '나비'인 것이다. 어머니의 육체가 '나비가 되어 날아가기'를 바라는 시인의 원망 속에는 자신 역시 그러하기를 바라는 욕망이 투영되어 있다고 볼 수 있다.

육체에서 나비로의 도약은 오랜 발효 혹은 숙성의 시간을 필요로 한다. 이 숙성의 시간을 견디지 못하면 질적인 도약 대신 퇴락과 부패의 나락으로 떨어지게 된다. 어머니의 생에서 시인은 그것을 세심하게 들여다보고 있지만 이 문제는 시인의 대상과 세계에 대한 태도 전반을 가로지르는 한 원리이다. 어머니의 몸이 비늘 꽃을 피우듯 "유자"(「유자」) 역시 그러한 세계를 겨냥하고 있다는 것을 시인은 말한다. 그래서 시인은 유자의 향을 "유자의 싱싱한 상처", "유자가 내지른 비명"으로 표현하고 있는 것이다. 이것은 유자의 존재성을 결정하는(드러내는) 것이 '상처'와 '비명'이라는 것을 의미한다. 상처와 비명 없이 세계의 존재성은 드러나지 않는다. 어떤 한 대상이 세계와 만나는 것 자체가 상처이며, 그로 인해 내지르는 비명이 그 존재성을 환기한다. 이런 점에서 볼 때 어떤 존재의 생은 그 상처와 비명의 정도에 의해 진정성이 결정된다고 할 수 있다. 유자의 상처와 비명은 "콩"(「풍경」)에 와서는 '삭힘'과 '발효'로 변주되어 드러난다. 시인의 이 삭힘과 발효에 대한 인식은 '간절함'(「메주」)의 수사적 형식으로 드러나기도 한다.

제 몸을 삭혀

피워낸 푸른 곰팡이꽃

맛있는 간장이 되는
푸른 꿈에 젖은 메주여

발효되지 않는
우리들의 꿈들은

얼마를 더 묵혀야
푸른 곰팡이꽃이 필까

—「메주」 전문

이 시의 시적 대상은 '메주'이다. 메주가 '발효'의 시간을 거쳐서 만들어진 존재라는 것을 안다면 이 시를 이해하는 것은 어렵지 않다. 여기에서 내가 문제 삼고 싶은 것은 내용이 아니라 발효에 대한 시인의 태도이다. 이 시에서 시인이 겨냥하고 있는 궁극적인 것은 "푸른 곰팡이꽃"이다. 하지만 이 꽃을 피우기 위해서는 발효의 시간이 필요하다. 이 발효의 시간에 대한 강조가 화려하거나 인상적인 수사를 통해서가 아니라 누구나 이해 가능한 쉽고 평이한 수사와 언술 구조를 통해 드러남으로써 어떤 메시지를 강조하는 효과를 창출하고 있다는 점을 주목할 필요가 있다. 어머니와 같은 사람이든 아니면 유자, 메주와 같은 사물이든 그 각각의 존재들의 생에서 중요한 것이 발효와 숙성이라는 사실은 시인의 대상이나 세계를 대하는 태도의 유연함과 진정성을 드러내는 것에 다름 아니다. 이런 맥락에서 시인은 어떤 대상이나 현상 내에서 그것을 오래 들여다보고 묵혔다가 화려하거나 세련되지는 않지만 은근하고 진솔한 언어로 그것을 드러낸다.

'평화시장'에서 만난 사람들을 시인은 "평화롭지만 평화롭지 않은 일상의 삶을 살아내는 사람들"(「평화시장」)이라고 표현한다. 평범해 보이는 진술 같지만 이 속에 시장 사람들의 불안이 표 나지 않게 자리하고 있음을 알 수 있다. 이러한 진술 방식은 '겨울 국화'를 보고 "물기 없이 메말라 박제가 되어버린 가슴"(「동국(冬菊)」)에서도 드러나고, '숭례문의 소실'을 "어머니의 앞니 빠짐"으로 치환하여 그것을 "외풍과 내풍을 막아주던 門이 사라진 것"(「숭례문 소실, 숭례문 같은 어머니 앞니가 빠졌다」)으로 진술하고 있는 대목에서도 드러난다. 시인의 은근하고 진솔한 언술은 사회의 어둡고 소외된 대상을 향해서도 이루어지는데, 이 이면에는 대상의 상처와 비명을 외면하지 않고 오랜 시간을 견디면서 관찰하고 그것을 자신의 안으로 보듬어 안으려는 태도가 자리하고 있다. 최근 우리 시대의 중심 문제로 부상한 난민에 대해서도 시인은 그것을 '우리'라는 공동체 차원에서 바라보는 태도를 잊지 않는다. 시인의 시각으로 보면 "우리는 모두 지구를 떠도는 난민들”(「해돋이」)에 다름 아니다. 또한 시인은 우리 시대의 깊은 상처로 남아 있는 ‘세월호’(「바다의 편지—팽목항」) 참사에 대해서도

진도 팽목항에선 날마다 편지가 전송되었다

검은 리본을 단 고요의 문장들

봉인된 슬픔은 거리거리마다 노란 수선화로 피었다

요나처럼 요나처럼 살아서 돌아오라고

두 손 모아 간절히 드리는 기도

백일이 지나도 이제 더는 전송되지 않는

불러도 불러도 대답 없는 침묵의 메아리

붉게 물든 저녁노을 위에 핀

곡선의 쌍무지개 그대들의 붉은 영혼

—「바다의 편지—팽목항」 전문

이라고 하여 희생자들에 대한 애도의 감정을 숨기지 않고 있다. 시인에게 이들은 "요나처럼 요나처럼 살아서 돌아"와야 하는 존재들이면서 동시에 "세월 속에 잊힐까 두려운"(「바다의 편지—동거차도」) 존재들이기도 하다. 이런 존재들이기 때문에 시인은 이들을 자연의 흐름 속에 위치시키려고 한다. 봄—여름—가을—겨울, 이 끊임없이 순환하는 흐름 속에 이들을 위치시킴으로써 이들은 소멸하지 않고 영원히 부활하고 끊임없이 생성하는 그런 존재가 되는 것이다. 시인은 이들을 '봄'의 자리에 위치시킨다. 사계절의 원리에서 보면 봄은 '탄생'이다. 바다의 어두운 심연으로 사라져버린 이들의 존재를 "영원히 지지 않고 피어오르는 봄"(「바다의 편지—봄」)으로 명명함으로써 '해, 달, 별, 바람, 공기, 꽃, 나비 떼들'과 함께 살아 숨 쉬는 존재가 된 것이다.

이렇게 이들의 존재를 위치시킨다는 것은 곧 이들의 존재를 망각하지 않으려는 의지를 드러낸 것으로 볼 수 있다. 또한 이것은 시인 자신의 성찰과 반성의 의지를 드러낸 것으로도 볼 수 있다. 봄마다 시인 앞에 끊임없이 나타나는 이들의 존재를 보면서 시인은 자신을 성찰하고 반성하는 시간을 가지게 될 것이고, 이 긴장이 자신의 생의 리듬으로 자리하게 되어 하나의 세계를 이루게 될 것이다. 시인의 생의 리듬은 이미 이러한 기반 위에서 작동하고 있다. 시인의 자기 성찰적이고 반성적인 자의식은 시 곳곳에 투영되어 있다. 자기 성찰적인 자의식은 자기 자신을 보는 것인데, 우리는 그 좋은 예를 '거울'이나 '우물'과 같은 질료를 통해 많이 접해본 바 있다. 이상의 거울이나 윤동주의 우물은 자기 성찰과 반성의 깊이를 드러내는 하나의 상징으로 자리한 지 오래다. 시인 역시 거울이나 우물의 기능을 하는 질료에 자신을 비춰보면서 생의 리듬을 통한 세계와의 긴장을 유지하려고 한다. 가령

오지항아리 뚜껑
둥그런
내 마음의 연못

—「내 마음의 연못」 부분

이나

나 무엇으로 살아
그 눈빛 닮을 수 있을까

—「수녀원 뜰에서」

등에서 우리가 마주하는 것은 시인의 성찰적이고 반성적인 삶의 모습이다. 이런 삶의 태도를 보이는 자의 모습은 그것이 외피나 외형으로부터가 아닌 저 내면의 심층으로부터 만들어진 형상인 것이다. 시인의 내면은 자신을 자기만의 감

옥에 가두지 않고 외부 대상이나 타자를 향해 열려 있는 태도를 견지함으로써 폐쇄된 고립감이나 과도한 자기애적인 감정의 집착을 보여주지 않는다. 자기 밖의 대상의 존재에 대해 온화하면서도 친밀한 태도를 견지한다든가 타자의 고통스러운 얼굴을 외면하지 않고 그것은 자신의 안으로 품으려는 시인의 태도는 시의 결 혹은 시인의 정서의 결을 온화하고 온건한 방향으로 흐르게 한다. 이 흐름은 시인이 드러내는 생의 리듬이며, 앞으로 시인의 시적 정체성을 결정할 중요한 인자로 볼 수 있다. 시인이 이 흐름을 어떻게 가져갈 것인가 하는 문제는 전적으로 시인에게 달려 있다. 하지만 그 흐름을 가능하게 하는 것(틈을 제공하는 것)은 주체 너머에 존재하는 타자이다. 좋은 시는 타자와의 관계를 통한 은폐, 저항, 부정, 상처 등의 현상이 미적 새로움과 낯설음을 드러낼 때 탄생한다. 생의 리듬이 시가 되고, 시가 생의 리듬이 되는 순간을 겨냥한다면 시인은 늘 타자 혹은 타자의 시간 내에 존재해야 한다.

이 도서의 국립중앙도서관 출판시도서목록(CIP)은 서지정보유통지원시스템 홈페이지(http://seoji.nl.go.kr)와 국가자료공동목록시스템(http://www.nl.go.kr/kolisnet)에서 이용하실 수 있습니다.(CIP제어번호: CIP2018038231)

문학의전당 시인선 0298

내 마음의 연못

초판 1쇄 인쇄 2018년 11월 23일
초판 1쇄 발행 2018년 11월 30일
지은이 신경희
펴낸이 고영
책임편집 서윤후
디자인 헤이존
펴낸곳 문학의전당
출판등록 제2017-000002호
주소 서울시 마포구 마포대로 11길 91, 3층
전화 02-852-1977 팩스 02-852-1978
전자우편 sbpoem@naver.com

ISBN 979-11-5896-401-6 03810

* 잘못 만들어진 책은 바꿔드립니다.
* 이 시집은 2018 안산시 문화예술진흥기금을 받아 제작되었습니다.